Los países de donde venimos

Brasil

por Joyce Markovics

Consultora: Karla Ruiz
Colegio de Maestros, Universidad de Columbia
Nueva York, Nueva York

BEARPORT PUBLISHING

New York, New York

Créditos

Carátula, © Fedor Selivanov/Shutterstock y © Koraysa/iStock; TOC, © Vaclav Volrab/Shutterstock; 4, © Mikadun/Shutterstock; 5L, © vitormarigo/Shutterstock; 5R, © Brainsil/iStock; 7, © Peeter Viisimaa/iStock; 8, © Anolis01/iStock; 8–9, © Filipe Frazao/Shutterstock; 9T, © scanrail/iStock; 9B, © Dirk Ercken/Shutterstock; 10, © alffoto/iStock; 11, © PobladuraFCG/iStock; 12, © T photography/Shutterstock; 13T, © Yi Liu/iStock; 13BL, © Lotus Images/Shutterstock; 13BR, © Yeko Photo Studio/Shutterstock; 14–15, © Niday Picture Library/Alamy; 15R, © Filipe Frazao/Shutterstock; 16–17, © tirc83/iStock; 17T, © Alf Ribeiro/Shutterstock; 18, © Catarina Belova/Shutterstock; 19, © luoman/iStock; 20, © R.M. Nunes/Shutterstock; 21, © Aleksander Mirski/iStock; 22L, © Val_th/Dreamstime; 22–23, © CP DC Press/Shutterstock; 24, © Cultura Creative (RF)/Alamy; 25, © Ricardo De Mattos/iStock; 26, © andreafidone/iStock; 27T, © hlphoto/Shutterstock; 27B, © AlbertoChagas/iStock; 28–29, © Cintia Erdens Paiva/Shutterstock; 29B, © devke/iStock; 30T, © SNEHIT/Shutterstock y © Vinicius Tupinamba/Shutterstock; 30B, © anyamuse/Shutterstock; 31 (T to B), © tirc83/iStock, © Biletskiy_Evgeniy/iStock, © SamyStClair/iStock, © Filipe Frazao/Shutterstock, y © Filipe Frazao/Shutterstock; 32, © Oleg Golovnev/Shutterstock.

Director editorial: Kenn Goin
Editora: Joyce Tavolacci
Traductora: Eida Del Risco
Editora de español: María A. Cabrera Arús
Director creativo: Spencer Brinker
Diseño: Debrah Kaiser
Investigadora de fotografía: Thomas Persano

Datos de catalogación de la Biblioteca del Congreso

Names: Markovics, Joyce L., author.
Title: Brasil / by Joyce Markovics.
Other titles: Brazil. Spanish
Description: New York, NY : Bearport Publishing, [2020] | Series: Los países de donde venimos | Includes bibliographical references and index. |
Identifiers: LCCN 2019009815 (print) | LCCN 2019010682 (ebook) | ISBN 9781642806953 (ebook) | ISBN 9781642806915 (library)
Subjects: LCSH: Brazil—Juvenile literature.
Classification: LCC F2508.5 (ebook) | LCC F2508.5 .M275418 2020 (print) | DDC 981—dc23
LC record available at https://lccn.loc.gov/2019009815

Para más información, escriba a Bearport Publishing Company, Inc., 45 West 21st Street, Suite 3B, New York, New York 10010. Impreso en los Estados Unidos de América.

10 9 8 7 6 5 4 3 2 1

Contenido

Este es Brasil

SALVAJE

Dramático

Amistoso

¡Bienvenido a Brasil!

Brasil es el país más grande de América del Sur.

En Brasil viven más de 200 millones de personas.

Buena parte de Brasil está cubierta de **selvas tropicales**.

La mayor es la del Amazonas.

¡Es la selva tropical más grande del mundo!

En el Amazonas viven miles de animales diferentes.

tamarino león

tucán

rana venenosa de dardo

Brasil también tiene llanuras de clima seco.

Se llaman pampas.

Los granjeros crían ganado en estas tierras llanas.

Brasil posee, además, una enorme área pantanosa. Se conoce como Pantanal.

El suelo de Brasil es muy rico.

En él, los granjeros cultivan muchas plantas.

La caña de azúcar y el café son dos de los **cultivos** más importantes.

caña de azúcar

En Brasil también se cultivan frutas como la guayaba y la papaya.

guayaba

papaya

Los pobladores **nativos** se asentaron en Brasil hace miles de años.

Los europeos llegaron alrededor del año 1500.

Los europeos provenían de Portugal y de España.

Llevaron africanos y los hicieron trabajar como esclavos.

En 1822, Brasil se liberó del dominio europeo.

Brasil tiene muchas ciudades grandes y populosas.

Su **capital** es Brasilia.

São Paulo o San Pablo es la ciudad más grande del país.

Más de 11 millones de personas viven en San Pablo.

Otra importante ciudad brasileña es Río de Janeiro.

Es una de las ciudades más famosas del mundo.

Tiene altas montañas y playas de arena blanca.

El Pan de Azúcar es una enorme roca en forma de cono que hay en Río de Janeiro.

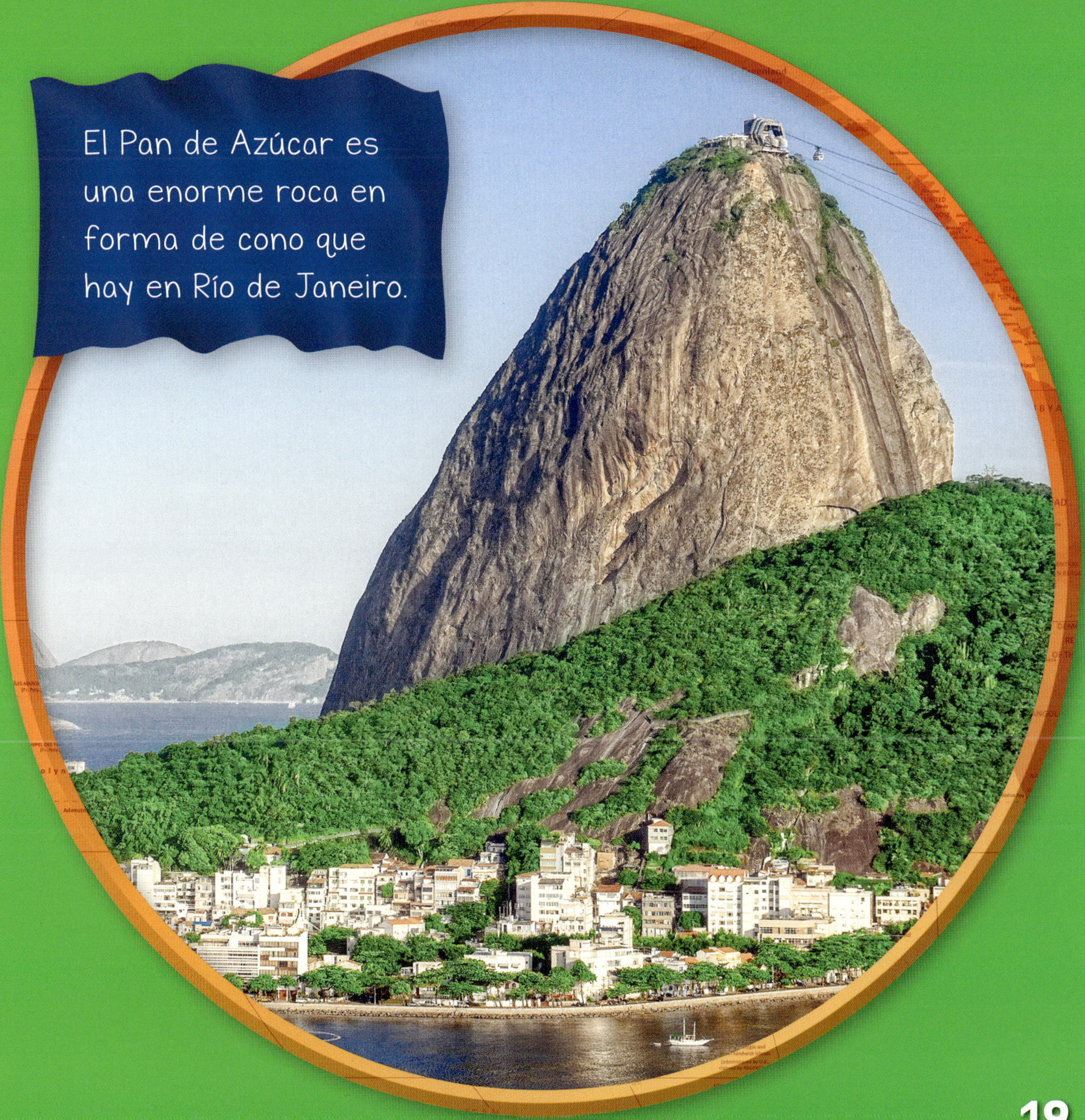

Cada año, Río organiza un enorme **festival** llamado Carnaval.

La gente usa ropa de colores llamativos, toca música y baila.

Las calles se inundan de carrozas gigantes.

El Carnaval es la fiesta más grande de Brasil.

carroza de
Carnaval

La samba es un animado baile brasileño.

Se baila al ritmo de una música rápida de tambores.

La samba se baila de manera individual o en parejas.

El idioma principal de Brasil es el portugués.

Así se dice "adiós" en portugués:

Ciao (chao)

En Brasil se hablan cerca de 180 idiomas nativos.

Así se dice "gracias":

Obrigado

¿Qué comidas sabrosas hay en Brasil? Las carnes a la parrilla son populares.

La gente también gusta de un cocido de pescado llamado “moqueca”.

De postre, los brasileños comen dulces de chocolate llamados “brigadeiros”.

A los brasileños les encanta el fútbol.

¡El país tiene algunos de los mejores jugadores del mundo!

En Brasil, al fútbol se le llama "futebol".

Datos básicos

Ciudad capital: Brasilia

Población de Brasil:
Más de 200 millones de habitantes

Idioma principal: portugués

Moneda: real brasileño

Religión predominante:
católica romana

Países vecinos:
Argentina, Bolivia, Colombia, Guyana Francesa, Perú y Venezuela

Dato curioso:
¡Algunos pescadores brasileños entrenan delfines para que los ayuden a capturar peces!

Glosario

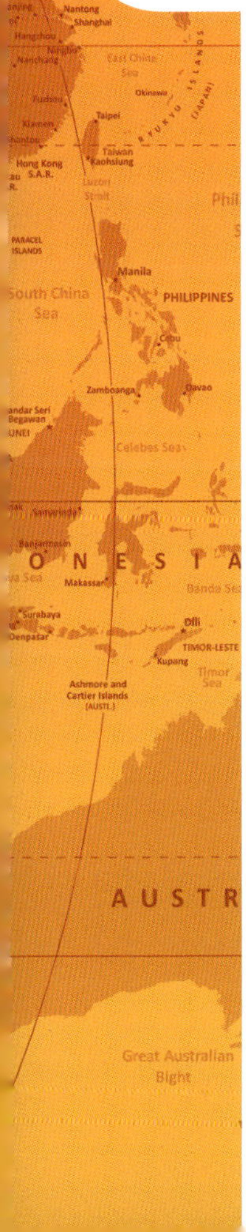

capital una ciudad donde está ubicado el gobierno de un país

cultivos plantas que se cultivan y se recogen, sobre todo para la alimentación

festival una gran celebración

nativo que pertenece a un lugar particular

selvas tropicales grandes áreas de tierra cubiertas de árboles, donde llueve mucho

Índice

Lee más

Sexton, Colleen. *Brazil (Blastoff! Readers: Exploring Countries).* Minnetonka, MN: Bellwether Media (2010).

Walters, Tara. *Brazil (True Books: Countries).* Nueva York: Children's Press (2008).

Lee más en línea

Para aprender más sobre Brasil, visita
www.bearportpublishing.com/CountriesWeComeFrom

Acerca de la autora

Joyce Markovics vive junto al río Hudson. Le gustaría visitar Brasil, para ver el Amazonas e ir a pescar con delfines.